Julie cuisine
pour garder la ligne

Julie cuisine
pour garder la ligne

Julie Andrieu

Julie cuisine pour garder la ligne

Albin Michel

Directeur de collection
Claude Lebey

Directrice d'ouvrage
Lise Boëll

Merci à :
Claude Lebey pour continuer de me « supporter », Brigitte et papa pour leurs recettes et leur générosité, cousino pour notre ping-pong d'idées gourmandes, Odette pour sa belle humeur, Alain Ducasse pour ses conseils que je n'écoute pas assez, Gwenaëlle pour son humour et sa loyauté, Ursula pour ses tours de mains que je ne choperai jamais, Sylvaine pour sa vigilance salutaire, Léo et Nima pour leur gourmandise et leur curiosité, Brigitte Huault Delannoy (TF1) ainsi qu'à l'équipe de notre parrain Whirlpool, sans qui « Julie cuisine » n'aurait peut-être pas vu le jour, les copines pour continuer de subir avec le sourire mes expériences culinaires, Julie Ceresne pour son attention et son soutien et maman pour continuer de me nourrir de sa douceur.

Quand donc la minceur cessera-t-elle d'être synonyme de régime et le régime, synonyme de privation ? Pour garder la ligne, ne suffirait-il pas d'équilibrer ses menus, de manger les bons produits aux bons moments de la journée et de connaître quelques trucs pour cuisiner *light* ?

Privilégiez les fruits, légumes, protéines (poissons, viandes, œufs, fromages...), les sucres lents (pains complets, pâtes, pommes de terre...) et les légumineuses. Évitez autant que possible les plats cuisinés au profit des produits « bruts », qui vous permettent de contrôler les taux de sucre, de sel, de matières grasses et autres additifs.

Autre conseil : ralentissez ! Penser une recette, préparer un plat, toucher les aliments, toutes ces étapes sont autant de signaux alimentaires donnés à votre cerveau, de liens à la nourriture qui nourrissent l'esprit et vous éviteront de manger au-delà de votre appétit en passant à table.

Faites également évoluer vos réflexes : à chaque fois que vous vous apprêtez à utiliser de la matière grasse, demandez-vous si elle ne peut pas être remplacée – même en partie – par de l'eau, du bouillon, de la crème légère (6 fois moins de calories que les huiles), ou carrément éliminée ?

Enfin, pour maigrir, mangez ! En matière de poids, je donne toujours le même conseil : ne vous privez pas, et cessez de culpabiliser. Il est bien plus difficile de se débarrasser des kilos stockés dans la tête que sur les hanches. C'est dans cet état d'esprit que je me suis attelée à créer ma cuisine légère. Plutôt que d'interdire les plaisirs que nous procurent les plats que nous aimons tous, j'ai essayé de renouveler ma façon de cuisiner ces interdits pour qu'ils ne le soient plus jamais. Caviar d'aubergines, taboulé, tarama, tartare de bœuf, césar salade, crêpes, cheese cake, mousse au chocolat... Autant d'atouts pour mener à bien votre opération minceur.

Julie Andrieu

Sommaire

B.A.-Ba

Froid

Chaud

Sucré

B.A.-Ba

POUR 4 PERSONNES

PRÉPARATION : 20 MIN • MACÉRATION : PLUSIEURS HEURES

- 6 tomates de Marmande en branche, bien mûres
- 1 bouquet de menthe
- 2 cuil. à soupe de vinaigre de framboise
- 1 poignée de grains de poivre noir
- Fleur de sel

Pour l'huile d'olive à la vanille

- 50 cl d'huile d'olive fruitée
- 1/2 gousse de vanille

La bonne salade de tomates

Il va sans dire que le choix des tomates importe dans la réussite d'une bonne salade. Aussi, si vous réussissez à trouver des tomates de pleine terre, bercées par les rayons du soleil, biscornues comme il se doit, il faudra avoir la modestie de vous effacer devant leur grandeur et ne pas les masquer d'assaisonnements appuyés. L'alliance avec l'huile d'olive est indiscutable. A la place du basilic, je vous conseille de vous frotter à l'astringence de la menthe qui chatouille sans brusquer le palais. Pour le vinaigre, les avis sont partagés. Selon certains, son acidité complète celle, plus discrète, de la tomate, tandis que d'autres le jugent superflu et agressif. Le balsamique, que nous versons souvent généreusement sur nos rondelles, possède une saveur bien trop appuyée qui masque celle de la tomate. Sa présence doit être anecdotique. Quelques gouttes de vinaigre de framboise, versées le pouce sur le goulot, semblent faire l'unanimité.

1 Le plus longtemps possible avant de préparer la salade (l'idéal étant de le faire la veille pour le lendemain), fendez la demi-gousse de vanille, grattez-en les grains et mélangez-les à l'huile d'olive. Laissez macérer à température ambiante dans un bol.

2 Lavez et séchez la menthe. Hachez les feuilles au couteau. Concassez le poivre noir à l'aide d'un mortier. Mélangez-le avec 2 cuillerées à soupe de menthe hachée.

3 Lavez et séchez les tomates, retirez-en le pédoncule. Coupez-les en rondelles fines. Etalez 1 cuillerée à soupe d'huile à la vanille dans chaque assiette. Tapissez-les de rondelles de tomates posées bien à plat. Arrosez de nouveau avec 1 cuillerée à soupe d'huile à la vanille. Versez quelques gouttes de vinaigre de framboise et saupoudrez de fleur de sel.

4 Laissez les tomates s'imprégner des parfums de l'huile pendant quelques minutes. Disposez un petit dôme de hachis poivre-menthe dans chaque assiette et servez immédiatement.

conseils

- *Choisissez des tomates du calibre d'une prune, qui contiennent peu de pépins.*
- *Si vos tomates ne sont pas parfaitement mûres, mieux vaut les assaisonner d'un trait de jus de citron.*

POUR 4 À 6 PERSONNES

PRÉPARATION : 15 MIN • CUISSON : 20 MIN

- 3 aubergines pas trop grosses
- 1/2 gousse d'ail
- 30 g de graines de sésame
- 1 bonne cuil. à soupe de jus de citron
- 2 cuil. à soupe d'huile d'olive
- Sel et poivre

Eventuellement

- Brins d'aneth et graines de grenade

Caviar d'aubergines libanais

Le baba ganoujh est une spécialité plus répandue au Moyen-Orient que le taboulé lui-même. Nous l'appelons « caviar d'aubergines », mais il est toutefois assez éloigné de la purée d'aubergines à la tomate dont la Provence s'enorgueillit. La version libanaise doit son originalité – et sa saveur fumée si particulière – à une cuisson élémentaire : emprisonnées dans une feuille de papier alu, les aubergines sont posées directement sur la source de chaleur (flamme ou plaque électrique). Pas de four, pas de casseroles ; les ennemis de la vaisselle vont être contents.

1 Emballez les aubergines bien serrées dans 2 couches de papier aluminium et déposez-les directement sur le feu (ou sur la plaque électrique). Laissez cuire à feu doux directement en contact avec la flamme pendant 20 minutes environ en les retournant régulièrement. A la fin de la cuisson, déposez les papillottes sur une planche en bois puis ouvrez-les en prenant soin de ne pas vous brûler. Laissez tiédir.

2 Pendant ce temps, faites dorer les graines de sésame dans une poêle à sec puis mixez-les très finement. Pelez et pressez l'ail.

3 Videz la pulpe des aubergines sans prélever de peau noire, hachez-la au couteau, puis écrasez-la avec une fourchette. Incorporez la poudre de sésame, l'ail, le jus de citron, salez, poivrez et arrosez d'huile d'olive.

4 Saupoudrez éventuellement de brins d'aneth et de graines de grenade et servez à température ambiante. Accompagnez de galettes de pita dont vous vous servirez comme de cuillères.

conseil

Vous pouvez remplacer les graines de sésame par du tahini (pâte de sésame), si vous en trouvez. Cherchez dans les épiceries orientales ou au rayon frais des supermarchés, à côté du hoummos et du tarama.

POUR 4 PERSONNES

PRÉPARATION : 5 MIN • CUISSON : 10 S • REPOS : 1 H AU FRAIS

- 100 g d'œufs de cabillaud fumés (évitez les poches trop foncées, signe d'un fumage trop poussé)
- 2 petits-suisses (60 g)
- Le jus d'1/2 citron
- 1/2 cuil. à café de paprika doux en poudre

Tarama maison

Et si je vous mettais au régime tarama ? Deux mots apparemment contradictoires, qui pourtant ne demandent qu'à cohabiter. Bien sûr, les préparations que l'on trouve dans le commerce sont très riches : crème ou huile (voire les deux) et mie de pain viennent souvent alourdir la balance, ce qui explique la mauvaise réputation de ce plat. Toutefois, si vous préparez votre tarama vous-même, vous pourrez aisément maîtriser l'apport de calories. Une preuve supplémentaire que cuisiner est sans doute la meilleure façon de garder la ligne sans faire l'impasse sur le plaisir.

1 Ecrasez doucement la poche d'œufs avec le plat de la main (pour que le pochage soit plus rapide) et plongez-la 10 secondes dans l'eau bouillante à l'aide d'une écumoire ou d'une araignée.

2 Retirez la pellicule qui entoure les œufs de cabillaud puis écrasez-les à la fourchette dans un grand bol. Ajoutez les petits-suisses, le jus de citron et le paprika. Mélangez bien et placez au frais 1 heure au moins avant de servir.

3 Servez avec du pain de seigle légèrement toasté ou avec des bâtonnets de légumes crus, comme une anchoïade.

astuce

Pour un tarama aérien, ajoutez-y 1 blanc d'œuf monté en neige.

POUR 4 PERSONNES PRÉPARATION : 30 MIN

- 400 g de tomates
- 50 g de boulgour très fin (1/3 de verre)
- 3 bouquets de persil plat
- 1 petit bouquet de menthe
- 1 petit oignon blanc ou 2 oignons frais
- Le jus d'1 citron
- 8 cl d'huile d'olive (1/3 de verre)
- Sel et poivre du moulin

Taboulé libanais

Il n'y a rien qui m'énerve plus que d'entendre appeler « taboulé » un mélange fantaisiste à base de semoule, de raisins secs et autres dés de poulet incongrus, généreusement arrosé d'huile de tournesol. Autant parler de salade de semoule car cela n'a rien de commun avec le taboulé originel, incontournable lors d'un repas de mezze libanais. Dans ce dernier, le persil est tellement abondant que le taboulé est complètement vert. En guise de blé, les Orientaux utilisent le boulgour (ou bourgoul, selon les pays) qui est un blé complet concassé précuit, bien meilleur pour la santé que la semoule blanche raffinée.

conseil

Il est important d'utiliser du boulgour fin ou très fin. Si vous n'en trouvez pas, plongez les grains 3 minutes dans l'eau bouillante salée avant de les recouvrir de jus de citron.

1 Dans un grand saladier, versez le boulgour et recouvrez-le largement d'eau fraîche. Les grains vont tomber au fond du récipient tandis que les impuretés (résidus de paille et de sable) vont remonter à la surface. Retirez ces dernières à l'aide d'une écumoire, puis égouttez le boulgour en le versant dans un torchon et en pressant bien. Replacez-le dans le saladier.

2 Lavez les tomates et coupez-les en rondelles de 5 mm d'épaisseur. Empilez 3 ou 4 rondelles puis recoupez-les en tout petits dés, sans les vider. Répartissez les dés de tomates sur le blé pour qu'il absorbe leur jus.

3 Pelez l'oignon, coupez-le en dés aussi petits que les tomates et placez-les dans un récipient à part. Saupoudrez-les de sel et de poivre, frottez ou remuez-les (ceci a pour effet de les adoucir). Placez-les dans le saladier et arrosez avec le jus de citron.

4 Lavez le persil et séchez-le en le remuant vivement ou en le passant dans une essoreuse. Coupez la plus grosse partie des tiges (conservez-les pour un bouillon) et serrez bien le bouquet pour obtenir une masse compacte, plus facile à couper. Hachez les feuilles très finement avec un couteau bien aiguisé. Faites de même avec la menthe.

5 Ajoutez les herbes dans le saladier, mélangez le tout. Arrosez d'huile d'olive, salez, poivrez à nouveau si nécessaire, mélangez et servez !

POUR 2 PERSONNES

PRÉPARATION : 12 À 13 MIN

- 150 g de rumsteck coupé en fines tranches par le boucher
- 1 cuil. à café de carvi
- 1 cuil. à soupe rase de grains de coriandre
- 1 cuil. à soupe de graines de sésame
- 1 cuil. à café de moutarde à l'ancienne
- 1 cuil. à soupe de jus de citron vert
- 4 cuil. à soupe d'huile d'olive
- Sel et poivre du moulin

Carpaccio aux graines rôties

J'ai gardé de mes stages dans les cuisines d'Alain Ducasse une conviction : la bonne cuisine repose sur les contrastes. Textures, saveurs, températures, cuissons : pour créer du goût, donc du plaisir, il faut réveiller, surprendre le palais. C'est ainsi que j'ai eu envie de réunir en un seul plat deux produits que j'apprécie particulièrement : les graines variées que je fais griller chaque matin avant d'en saupoudrer mon yaourt (ah ! ces petits crissements au contact du lait froid) et la douceur d'une viande tranchée fin comme du papier à cigarettes.

1 Disposez les tranches de rumsteck sur des assiettes et entreposez-les au réfrigérateur.

2 Concassez grossièrement les trois sortes de graines dans un mortier ou à l'aide d'un mini-hachoir. Faites-les dorer 2 à 3 minutes dans une petite poêle, ajoutez le jus de citron, l'huile d'olive et la moutarde et remuez vivement.

3 Sortez les assiettes du réfrigérateur et arrosez-les largement de sauce aux graines. Salez, poivrez et servez immédiatement.

conseil

Variez les graines selon vos envies. Utilisez par exemple des graines de lin, meilleures pourvoyeuses d'oméga-3 du marché.

POUR 4 PERSONNES | PRÉPARATION : 20 MIN

- 500 g de cœur de rumsteck haché à la grosse grille
- 70 g de parmesan
- 2 petits oignons frais
- 1 botte de ciboulette
- 3 brins de basilic
- 2 jaunes d'œufs
- 1 cuil. à soupe de tomates séchées
- Quelques câpres
- 1 cuil. à soupe de ketchup
- 1 cuil. à café de Worcestershire sauce
- 1 cuil. à soupe de vinaigre de vin rouge
- Un peu de moutarde
- 1 cuil. à soupe d'huile d'olive
- Sel et poivre du moulin

Tartarissimo

J'ai une passion pour le tartare, mais l'assaisonnement traditionnel – moutarde, oignons et Tabasco – ne plaît pas à tous les palais. Pour l'adoucir sans lui ôter sa personnalité, je l'assaisonne à l'italienne, avec des condiments plus savoureux que puissants. Concernant la viande, j'évite le filet, souvent conseillé pour le tartare, qui manque de goût et de mâche une fois haché. J'opte plutôt pour le rumsteck, par ailleurs bien moins cher. Les puristes choisiront de couper eux-mêmes leur viande au couteau. Sinon, demandez à votre boucher de la hacher à la plus grosse grille.

1 Lavez, séchez et hachez finement, à l'aide d'un couteau, les oignons, la ciboulette et le basilic. Coupez le parmesan en copeaux avec un couteau Econome. Brisez les copeaux en petits morceaux en les écrasant entre vos doigts. Hachez les tomates séchées en petits morceaux.

2 Dans un saladier, fouettez le ketchup, la Worcestershire sauce, le vinaigre, la moutarde, l'huile, le sel et le poivre.

3 Ajoutez la viande, creusez un puits et placez-y les jaunes d'œufs, le parmesan, les tomates séchées, les oignons, le basilic, les câpres et la moitié de la ciboulette.

4 Mélangez intimement, rectifiez l'assaisonnement et placez au frais avant de servir. Décorez avec le reste de la ciboulette.

conseil

Vous pouvez garder un peu du vert des oignons et de basilic pour décorer les assiettes.

POUR 4 PERSONNES

PRÉPARATION : 15 MIN • CUISSON : 40 MIN

- 2 petites courgettes
- 1 petite aubergine
- 1 grosse tomate
- 1 poivron rouge
- 1 poivron vert
- 1 gros oignon
- 1 gousse d'ail
- 2 branches de thym
- 1 pincée de piment d'Espelette en poudre
- 50 cl d'huile d'olive
- Sel et poivre

Ratatouille vapeur

La ratatouille est un délice qui se paie en huile de coude. Les chefs prônent la cuisson dissociée, c'est-à-dire qu'il faut cuire chaque légume dans une poêle différente pour préserver et permettre de distinguer les saveurs. Moi, j'ai trouvé la solution pour ménager mon temps et ma ligne sans sacrifier le goût : je place tous les légumes grossièrement coupés dans un cuit-vapeur, les plus coriaces en dessous, évidemment, et les plus tendres sur le dessus, et j'attends. Vitamines, couleurs, saveurs : tout y est !

1 Faites bouillir de l'eau dans un couscoussier ou un cuit-vapeur.

2 Lavez et découpez les courgettes, l'aubergine et l'oignon en dés d'environ 1,5 cm de côté. Lavez et épépinez les poivrons puis coupez-les en 4.

3 Dans le panier de cuisson, disposez les dés d'oignon, les poivrons côté peau vers le bas, les dés d'aubergine, l'ail pelé entier et enfin les courgettes. Faites cuire pendant 35 minutes en maintenant une ébullition constante. Veillez à ce qu'il y ait toujours suffisamment d'eau dans le cuit-vapeur.

4 Ajoutez la tomate entière juste entaillée en croix et prolongez la cuisson de 5 minutes. Retirez la tomate, pelez-la et coupez-la en dés. Faites de même pour les poivrons puis mélangez tous les légumes ensemble dans le plat de service.

5 Parsemez de thym et ajoutez une pincée de piment d'Espelette. Assaisonnez de sel et de poivre, arrosez d'huile d'olive, c'est prêt !

conseil

Vous pouvez également cuire les légumes au four en les plaçant, en morceaux, côte à côte dans un plat, en les arrosant d'eau et d'un peu d'huile et en les faisant cuire à four doux, comme un tian.

Froid

POUR 4 PERSONNES

PRÉPARATION : 15 MIN • REPOS : 1 H AU FRAIS

Gaspacho épicé

- 800 g de tomates bien mûres
- 1/2 concombre
- 1 poivron rouge
- 4 oignons nouveaux avec un peu de leur vert
- 3 tranches de pain de mie
- Quelques gouttes de jus de citron
- 3 gouttes de Tabasco
- 1 sucre
- 8 glaçons
- 3 cuil. à soupe d'huile d'olive
- 2 cuil. à soupe de vinaigre de xérès ou de vin
- Sel et poivre du moulin

Décoration

- 1/2 bouquet de coriandre
- Quelques dés de légumes

S'il fallait n'en connaître qu'une, ce pourrait être celle-là. La recette du gaspacho fait partie de ces basiques qui vous permettent d'assurer en toute circonstance. Le truc pour réussir ? le produit et encore le produit, le succès ne dépend que de ça. Pas de tour de main, ni de poudre magique, rien que des légumes savoureux – gorgés de plus de soleil que d'eau – et une huile d'olive verte et tonique comme l'andalouse. Attention, que je ne vous prenne pas à glisser dans un gaspacho une giclée de vinaigre de framboise ou même de cidre. Y'a des limites au détournement des classiques !

1 Portez à ébullition une grande casserole d'eau. Ôtez la croûte des tranches de pain de mie et recouvrez-les d'un peu d'eau froide.

2 Ebouillantez les tomates 10 secondes, coupez-les en 2, épluchez et épépinez-les. Epluchez et épépinez le concombre. Lavez les oignons et coupez les tiges vertes. Epépinez le poivron, retirez-en les cloisons internes et pelez-le à l'aide d'un couteau Econome.

3 Placez tous ces ingrédients dans le mixeur. Ajoutez la mie de pain égouttée et mixez jusqu'à l'obtention d'une crème fluide.

4 Versez dans une soupière, ajoutez le Tabasco, le sucre, l'huile et le vinaigre, le jus de citron et les glaçons. Salez, poivrez, mélangez et placez au réfrigérateur pendant 1 heure.

5 Répartissez le gaspacho dans des assiettes creuses. Décorez de quelques feuilles de coriandre et de dés de légumes. Servez bien frais.

conseil

Le gaspacho doit être consommé rapidement, évitez de le conserver plus de 24 heures.

POUR 2 À 4 PERSONNES

PRÉPARATION : 15 MIN • CUISSON : 10 MIN

- 300 g de carottes (2 grosses carottes)
- 2 petites gousses d'ail
- 3 brins de coriandre fraîche
- Le jus d'1/2 citron vert
- 1 cuil. à moka de cumin en poudre (ou 1/2 cuil. à café)
- 2 cuil. à soupe d'huile d'olive
- Sel et poivre du moulin (ou piment en poudre)

Salade de carottes à la marocaine

J'adore cette recette car elle est à la fois classique et originale, ultra-simple et techniquement infaillible. Il faut dire que je l'ai empruntée à l'un de mes maîtres culinaires, le père fondateur de la cuisine minceur : Michel Guérard. Ustensile indispensable – disons vivement conseillé – pour réaliser cette recette (et, en général, dans une cuisine) : la mandoline. Rien de mieux pour émincer très finement en un clin d'œil. On en trouve dans les magasins spécialisés ou sur les marchés. A défaut, armez-vous d'un bon couteau et d'une patience affûtée...

1 Pelez et émincez les carottes en biseau, en rondelles très fines d'environ 3 mm d'épaisseur. Pelez l'ail et émincez-le de la même façon.

2 Versez l'huile dans une sauteuse, faites-y dorer les carottes et l'ail. Ajoutez le cumin, un demi-verre d'eau (ou l'équivalent pour couvrir à mi-hauteur), salez et laissez cuire 10 minutes. Les carottes doivent être encore un peu croquantes.

3 Hors du feu, ajoutez le jus de citron, poivrez ou pimentez. Incorporez la coriandre ciselée. Laissez refroidir et servez à température ambiante.

conseil

Vous pouvez remplacer le jus de citron vert par du jus d'orange.

POUR 4 PERSONNES

PRÉPARATION : 20 MIN • CUISSON : 1 H 30 À 2 H

- 2 petites betteraves crues
- 2 oranges à bouche ou sanguines
- Le jus d'1/2 citron
- 1 cuil. à soupe d'eau de fleur d'oranger
- Les tiges d'un oignon frais ou 1/2 botte de ciboulette
- 1/2 cuil. à café de cannelle en poudre
- 1 pincée de piment d'Espelette
- 2 cuil. à soupe d'huile neutre (préférez l'huile de colza, la plus riche en acides gras essentiels)
- Sel et poivre du moulin

conseil

Si vous n'avez pas le temps de cuire vous-même vos betteraves, achetez-les déjà cuites. Mais sachez les différencier : celles cuites au four sont plus foncées et ridées que celles cuites à l'eau.

Salade de betteraves rôties

Ces curieuses racines ont leurs amateurs, aussi fervents que leurs détracteurs. C'est à ces derniers que je m'adresse. Je suis sûre que vous trimbalez un triste souvenir de cantine, où ces pieuvres rouges crachaient tout ce qu'elles pouvaient sur votre malheureuse feuille de laitue ou teintaient honteusement votre céleri. Déjà que le céleri... Revoyez votre copie car la betterave mérite mieux que votre dédain. Riche en fibres mais pauvre en calories, elle peut se manger crue, râpée comme des carottes ou cuite, bien sûr. Je préfère la cuire moi-même, elle sera bien plus parfumée que la version bouillie que l'on trouve sous vide. Il vous reste encore un peu de betterave crue ? Alors, tranchez-la finement et plongez-la dans la friture pour en faire des chips amusantes. « Venez les enfants, j'ai fait des chips toutes rouges ! ». Et zou... voilà comment on leur fait manger des légumes.

1 Lavez les betteraves, enrobez-les dans du papier aluminium et posez-les dans un plat allant au four. Enfournez à four froid et laissez cuire 1 heure 30 à 2 heures à 150 °C (th. 5), selon la taille des betteraves.

2 Coupez les oranges en 2 et pelez-les à vif en longeant la peau à l'aide d'un couteau fin bien aiguisé. Coupez-les en demi-lunes de 5 mm d'épaisseur. Récupérez le jus.

3 Dans un saladier, préparez une vinaigrette en mélangeant la cannelle, le piment d'Espelette, le jus de citron, l'eau de fleur d'oranger, le jus des oranges et l'huile. Salez et poivrez.

4 Pelez les betteraves, coupez-les en 2 puis en tranches de 5 mm d'épaisseur. Placez-les dans le saladier et mélangez pour bien les assaisonner.

5 Lavez et émincez finement les tiges de l'oignon. Dans les assiettes, alternez les quartiers de betterave et les quartiers d'orange. Saupoudrez des tiges d'oignon émincées.

POUR 2 PERSONNES

DÉGORGEAGE : 2 H • PRÉPARATION : 25 MIN • CUISSON : 2 À 3 MIN

- Une douzaine de moules de Bouchot (environ 200 g)
- 12 palourdes (400 g)
- 8 amandes (400 g)
- 1 orange
- 1 pamplemousse
- 1 salade frisée
- 2 cuil. à soupe d'huile d'olive
- 1/2 cuil. à soupe de vinaigre balsamique
- Sel et poivre du moulin

Décoration

- Basilic ou cerfeuil

Salade de coquillages à l'orange

Une salade très chic qui fait beaucoup d'effet à peu de frais. Entre nous, le plus compliqué est encore de peler les agrumes « à vif » (c'est-à-dire d'ôter l'écorce et la peau blanche qui les entoure). Pour cela, j'ai emprunté leur technique aux chefs : coupez les deux extrémités des agrumes jusqu'à ce que la chair apparaisse, puis passez la lame d'un couteau tranchant de haut en bas pour retirer l'écorce bande après bande. Il ne reste plus qu'à détacher les quartiers et décorer vos assiettes, car les coquillages doivent être cuisinés juste avant de servir pour être dégustés tièdes.

1 Faites tremper les coquillages 2 heures à l'avance, dans un saladier rempli d'eau salée (à raison de 15 g de sel par litre d'eau). Croyant être dans leur milieu naturel, ils vont s'ouvrir et lâcher les résidus de sable.

2 Pendant ce temps, pelez les agrumes à vif et coupez-les en morceaux. Réservez leur jus.

3 Placez les coquillages dans une casserole. Couvrez et laissez chauffer à feu moyen pendant 2 à 3 minutes environ pour qu'ils s'entrouvrent. Laissez tiédir les coquillages puis décortiquez-les.

4 Effeuillez, lavez et essorez la salade. Préparez l'assaisonnement en mélangeant 2 cuillerées à soupe du jus des agrumes, 2 cuillerées à soupe du jus de cuisson des coquillages, le vinaigre et l'huile d'olive. Salez peu et poivrez bien. Versez sur la salade et mélangez.

5 Dans chaque assiette, disposez un lit de salade puis déposez les lamelles d'agrumes en corolle et enfin, placez les coquillages décoquillés au centre. Décorez avec du basilic ou du cerfeuil ciselé. Servez tiède.

conseils

- *L'étape 1 est facultative si vos coquillages sont bien lavés.*
- *Vous pouvez également réaliser cette recette avec des praires ou des coques.*

POUR 4 PERSONNES

REPOS : 45 MIN AU FRAIS • PRÉPARATION : 20 MIN

- 500 g de filets de bar
- 2 cuil. à soupe de sauce soja
- 1 citron vert
- 2 cuil. à soupe de graines de sésame
- 2 pincées de sucre en poudre
- 1/2 cuil. à café de gingembre en poudre
- 3 cuil. à soupe d'huile d'olive
- 1 cuil. à soupe d'huile de sésame
- Sel et poivre blanc

Carpaccio de bar à la japonaise

La cuisine japonaise est une source intarissable d'idées. Pour trancher un filet de bar cru en carpaccio, je le place au congélateur pour le raffermir, puis je le coupe, toujours dans le sens inverse des fibres, avec un couteau à lame longue et fine, comme les tranches que j'obtiens. La vinaigrette ? Sauce soja, jus et zeste de citron vert, une pincée de gingembre, une autre de sucre et un mélange d'huile d'olive et d'huile de sésame. Les graines de sésame grillées... c'est pour le contraste et le croquant. A manger dans la minute pour que le poisson reste bien frais.

1 Placez les filets de poisson 45 minutes au congélateur pour les raffermir. Lavez le citron et prélevez un peu de son zeste. Hachez le zeste finement puis pressez la moitié du citron.

2 Dans un bol, mélangez la sauce soja, le zeste et le jus de citron, le gingembre, le sucre et le poivre blanc. Ajoutez les huiles et fouettez.

3 Dans une petite poêle sèche, faites dorer les graines de sésame. Escalopez les filets de bar en fines lamelles avec un long couteau bien aiguisé.

4 Disposez le poisson sur les assiettes et arrosez-le avec la sauce. Saupoudrez des graines sésame, rectifiez l'assaisonnement et servez immédiatement.

conseil

Si vous êtes un habile trancheur, le passage du poisson au congélateur est facultatif.

POUR 2 PERSONNES PRÉPARATION : 15 MIN

- 1/2 salade trévise
- 2 figues bien mûres
- 1 branche de basilic
- 100 g de betterave coupée en dés
- 100 g de petites billes de mozzarella (ou de mozzarella de bufflonne coupée en dés)
- 1 petite cuil. à soupe de sauce soja
- 1 cuil. à soupe d'huile de pépins de raisin
- 2 cuil. à soupe d'huile d'olive
- 1 petite cuil. à soupe de vinaigre de miel (ou autre vinaigre doux)
- Poivre du moulin

Salade haute en couleur de Fumiko

Ma copine Fumiko exerce ses talents de chef à domicile. Férue de cuisine française, elle apporte à notre répertoire un peu de sa délicatesse toute nippone. J'ai eu l'occasion de cuisiner avec elle une délicieuse salade de son invention tout à fait symbolique du rapprochement de cultures qu'elle opère en cuisine : salade trévise italienne, petits oignons frais, figues fraîches et quelques dés de betteraves. Pour la vinaigrette, elle compte 1/3 d'huile d'olive et 2/3 d'huile de pépins de raisin pour atténuer la saveur de l'huile d'olive. Conseil utile : elle n'ajoute les billes de mozzarella qu'au dernier moment, pour éviter qu'elles ne se colorent. Qui a dit que la cuisine japonaise se limitait au poisson cru ?

1 Lavez, essorez et effeuillez la trévise, faites de même pour le basilic. Lavez les figues et coupez-les en 4.

2 Préparez la vinaigrette en mélangeant, dans un bol, le vinaigre, la sauce soja et les huiles.

3 Dans un saladier, mélangez les feuilles de salade, les feuilles de basilic, les figues, la betterave et la vinaigrette. Ajoutez la mozzarella, poivrez et servez.

variante

Vous pouvez remplacer la trévise par des endives émincées ou de la chicorée.

POUR 6 PERSONNES

MARINADE : 3 À 4 H • PRÉPARATION : 15 MIN • CUISSON : 6 À 7 MIN

Salade César au poulet

- 4 filets de poulet
- Le jus de 2 gros citrons
- 3 cœurs de laitue ou 1 salade iceberg
- 1 œuf frais
- 1 cube de bouillon
- 2 petites tasses à café de parmesan râpé
- 1 cuil. à soupe d'huile d'olive
- 2 cuil. à soupe de vinaigre de vin vieux
- Sel et poivre du moulin

Il ne m'a pas fallu supplier longtemps mon cousin Marc Lévy pour le convaincre de me confier l'une de ses recettes fétiches : sa salade César allégée. Le défi relevé n'est pas des moindres : pas plus d'une cuillerée à soupe d'huile d'olive pour six personnes. La vinaigrette n'est composée que de bouillon, de vinaigre (ne lésinez pas sur la qualité !) et d'œuf (qui doit être extra-frais pour un usage cru). Ce dernier faisant office d'épaississant, la texture n'a rien à envier à une vinaigrette « à la parisienne », comme la qualifie ma copine bordelaise, Emmanuelle, toujours étonnée par ces sauces de salade émulsionnées à la moutarde, onctueuses comme une béchamel. Habitant Londres, de passage à Paris et voyageant de par le monde, Marc, lui, ne s'étonne plus de rien en matière de cuisine, ce qui en fait un intarissable pourvoyeur de recettes.

1 Au préalable, versez le jus de citron dans un plat creux. Faites-y mariner les filets de poulet pendant 3 à 4 heures, au réfrigérateur.

2 Faites fondre le cube de bouillon dans un petit verre d'eau très chaude. Lavez la salade, essorez-la puis découpez-la en grosses lanières et disposez-la dans un saladier.

3 Coupez les filets de poulet en dés puis faites-les cuire à la poêle pendant 5 à 6 minutes à feu vif. Ajoutez-les à la salade. Versez le vinaigre de vin vieux, 2 cuillerées à soupe de bouillon et l'huile d'olive. Salez et poivrez.

4 Faites cuire l'œuf pendant 1 minute dans de l'eau bouillante puis passez-le aussitôt dans un bol d'eau froide pour stopper sa cuisson. Cassez l'œuf et ajoutez-le à la salade.

5 Mélangez bien le tout et saupoudrez de parmesan râpé. Mélangez à nouveau et servez.

conseil

Vous pouvez ajouter 100 g de petits pois à la salade.

POUR 2 PERSONNES

PRÉPARATION : 15 MIN • CUISSON : 4 À 8 MIN • REPOS : 5 MIN

- 1 tournedos (frais ou surgelé) de 250 g pris dans le filet, bien épais
- 2 cubes de bouillon de légumes ou de bœuf (ou 1 l de bouillon bien corsé)
- 4 petits cornichons au vinaigre
- 1/2 bouquet de persil plat
- 3 brins de coriandre
- 2 petits brins de civette (ou 1 oignon frais)
- 3 à 4 cuil. à soupe d'huile d'olive
- 2 cuil. à soupe de vinaigre de vin vieux
- Sel et poivre du moulin

Salade de bœuf minute

Attention, recette majeure. Il s'agit d'un plat composé par mon fiancé pour la Saint-Valentin. Depuis, c'est une sorte de rituel, à chaque fois que nous fêtons les Valentin, j'ai droit à ma salade de bœuf. Pourquoi ce choix de sa part, je n'en sais fichtre rien, mais j'ose croire que la tendreté incomparable du filet de bœuf fait référence à la mienne. Pour le côté persillé, je ne sais pas comment je dois le prendre...
Un conseil : pour un dîner sensuel à l'extrême, servez cette salade avec des baguettes pour éviter le contact du fer froid de la fourchette au profit de la chaleur du bois. Eh oui ! chaque détail compte quand il s'agit de plaisir.

1 La veille, surgelez le tournedos s'il est frais. Pour cela, emballez-le dans du film alimentaire et placez-le au congélateur.

2 Dans une casserole, diluez les cubes de bouillon dans 1 litre d'eau frémissante et plongez-y le tournedos encore surgelé (cela lui permettra de rester bleu à l'intérieur). Laissez cuire 4 à 8 minutes selon l'épaisseur du morceau. Egouttez et laissez reposer la viande 5 minutes pour qu'elle s'attendrisse.

3 Lavez et séchez le persil, la coriandre et la civette. Mettez le tout dans le bol d'un mixeur, hachez grossièrement. Ajoutez l'huile d'olive et le vinaigre. Mixez de nouveau brièvement.

4 Découpez la viande en tranches d'5 mm d'épaisseur. Alignez-les dans les assiettes en les superposant légèrement. Coupez les cornichons en 2 dans le sens de la longueur et disposez-les sur la viande. Arrosez de la vinaigrette aux herbes, poivrez, salez et servez tiède.

astuce

Ne piquez jamais la viande, cela ferait sortir le sang et les sucs. Une fois cuite, laissez-la reposer 5 à 10 minutes avant de la découper.

POUR 2 PERSONNES

PRÉPARATION : 15 MIN

- 150 g de roquette
- 1 grosse poire mûre à point (hardy ou conférence) ou 2 petites poires
- 1 petit morceau de parmesan (100 g environ)
- 1 cuil. à soupe de jus de citron
- Quelques feuilles de basilic
- 1 cuil. à soupe d'huile de noisettes ou de noix
- 2 cuil. à soupe d'huile d'olive
- 2 cuil. à café de vinaigre balsamique
- Sel et poivre du moulin

Roquette aux poires et parmesan

Savez-vous qui m'a inspiré cette recette ? Ce n'est ni un grand chef, ni un gastronome convaincu (quoique...), mais notre Nagui national. Ayant eu la chance d'être reçue à sa table et celle de sa jolie épouse pour un dîner à Saint-Tropez, je suis repartie avec une idée de salade qui devait ensoleiller plusieurs de mes étés. Devant mes compliments, il m'a dit que nous étions quittes car il s'était approprié mon melon-mozza depuis longtemps. Formidable cette connivence naturelle entre les gens de la télé !

1 Lavez et égouttez la roquette et le basilic. Dans un saladier, préparez la vinaigrette en fouettant le vinaigre, le jus de citron et les huiles. Salez, poivrez.

2 Pelez la poire et coupez-la en 2, puis tranchez chaque moitié en 5 ou 6 lamelles. Mélangez la roquette avec la vinaigrette, déposez les lamelles de poire par-dessus, saupoudrez de basilic ciselé et terminez en ajoutant le parmesan détaillé en copeaux.

3 Arrosez d'un filet d'huile de noisettes, salez, poivrez et portez à table sans attendre.

POUR 4 PERSONNES

PRÉPARATION : 20 MIN • REPOS : 30 MIN

- 4 oranges navel ou oranges à bouche
- 1 demi-douzaine de radis
- 1 demi-douzaine d'olives noires dénoyautées
- 2 branches de menthe
- 1/2 cuil. à soupe de miel
- 1 cuil. à café de cannelle
- 1 pointe de couteau de piment de Cayenne ou d'Espelette
- 2 cuil. à soupe d'huile d'olive
- Fleur de sel et poivre mignonnette

Salade d'oranges à l'huile d'olive

De mon voyage à Séville, j'ai rapporté une étonnante recette de salade sucrée-salée. Les oranges sont si savoureuses là-bas qu'on les met à toutes les salsas et jamais sans huile d'olive, bien sûr. Essayez sans tarder – à condition de vous procurer de bonnes oranges à bouche – et vous ne pourrez plus vous passer de l'alliance de ces trois produits miraculeux : oranges, miel et huile d'olive. La cannelle est facultative... mais indispensable, vous voyez ce que je veux dire ?

1 Pelez 3 oranges à vif. Pour cela, longez la peau de l'orange à l'aide d'un couteau fin bien aiguisé pour retirer l'écorce et la petite peau blanche. Détaillez-les en fines rondelles de 1 cm d'épaisseur.

2 Coupez les olives et les radis en 4. Placez-les dans un saladier avec les rondelles d'oranges.

3 Pressez la dernière orange et mélangez le jus avec le miel, l'huile d'olive, un peu de sel, le piment et la cannelle. Fouettez bien et versez sur les rondelles d'oranges, les olives et les radis.

4 Mélangez délicatement, couvrez et laissez mariner environ 30 minutes à température ambiante. Décorez avec les feuilles de menthe ciselées. Servez frais.

POUR 4 PERSONNES

PRÉPARATION : 20 MIN • REPOS : 6 H AU FRAIS

- 1 concombre
- 1 poire williams bien mûre
- 1/2 litre de lait 1/2 écrémé
- 1 yaourt brassé
- 20 feuilles de menthe poivrée
- Quelques gouttes de Tabasco
- Sel et poivre du moulin

Soupe glacée de concombre et poires à la menthe

Une recette minute, très légère, pour l'été ? Je vous propose la soupe fraîche de concombre aux poires. Vous allez encore me dire que le mariage est plus qu'improbable et pourtant il fonctionne. L'acidité du concombre est habilement contrebalancée par la rondeur de la poire. Essentiellement constitué d'eau et de sels minéraux, le concombre est un légume très faible en calories qui gagne à entrer plus souvent dans votre cuisine. Je me souviens de la joyeuse Dominique Lavanant me racontant avec sa gourmandise toute bretonne sa recette de concombres et d'oignons sautés au nuoc-mâm puis garnis de chair d'araignée de mer. Alors pourquoi pas mixés avec des poires...

1 Epluchez la poire et coupez-la en morceaux. Lavez et épépinez le concombre. Pour cela, coupez-le en 2 dans la longueur et retirez les graines à l'aide d'une cuillère. Coupez-le en morceaux en conservant la peau.

2 Mixez ensemble le concombre, la poire, le lait et le yaourt. Salez, poivrez, ajoutez le Tabasco et la moitié de la menthe ciselée. Mixez à nouveau brièvement.

3 Placez au réfrigérateur pendant 6 heures au moins. Servez la soupe dans des assiettes bien froides, saupoudrée du reste de la menthe ciselée.

Chaud

POUR 4 PERSONNES

PRÉPARATION : 15 MIN · CUISSON : 30 MIN

- 500 g de carottes
- 150 g de haddock
- 50 g d'oignons
- 1 rondelle de gingembre frais de 1 cm d'épaisseur
- 20 cl de jus d'orange frais
- 2 cuil. à soupe de coriandre fraîche
- 2 cuil. à soupe d'huile d'olive
- Poivre du moulin

Soupe de carottes au haddock

Ah ! le haddock ! Mon ennemi juré des dimanches soir. Je me souviens de lui, tout palot dans mon assiette, encore enduit de son lait de pochage et fièrement escorté de son frère siamois, l'épinard... Je me souviens aussi de l'angoisse qui m'envahissait à la seule odeur de son fumet, prélude à un tête-à-tête combatif avec ma pauvre maman, résolue à me faire manger « sainement », sic ! Après des années de résistance, me voilà revenue sur mes positions et je n'ai plus besoin de personne pour me faire manger mon haddock. Il m'arrive même de l'escaloper pour en faire un carpaccio, avec une sauce crémeuse à l'orange et quelques rondelles d'oignon rouge, c'est un délice. Mais je m'égare. Ici, il est poché dans la soupe. Rien de sorcier mais un feu d'artifice de saveurs et une couleur qui pourrait bien vous aider à le « faire passer » sous le palais de vos petits diables.

conseil

Ne salez pas la soupe car le haddock l'est déjà. Si vous voulez le dessaler préalablement, faites-le tremper dans un peu de lait additionné de yaourt car les ferments lactiques neutralisent le sel.

1 Epluchez, lavez et taillez les carottes en rondelles fines. Epluchez et hachez les oignons.

2 Dans une cocotte, faites fondre les carottes, les oignons et le gingembre dans l'huile chaude. Laissez blondir 3 minutes. Ajoutez le jus d'orange, 1,5 à 2 litres d'eau froide (selon la consistance souhaitée). Portez à ébullition et laissez cuire 25 minutes à petits bouillons.

3 Pendant ce temps, retirez la peau du haddock et détaillez-le en dés de 1 cm de côté.

4 A la fin de la cuisson de la soupe, retirez le gingembre. Mixez la soupe et rectifiez l'assaisonnement. Ajoutez un peu d'eau si nécessaire puis plongez les dés de haddock dans la soupe bien chaude.

5 Laissez reposer 1 minute pour pocher le poisson puis versez la soupe dans des assiettes creuses. Décorez avec la coriandre et donnez un tour de moulin à poivre avant de servir.

POUR 2 PERSONNES PRÉPARATION : 10 MIN • CUISSON : 1 H 15

Oignons rôtis « à la coque »

- 2 cèbes de Lézignan ou gros oignons doux des Cévennes
- Gros sel

Pour la vinaigrette

- 1 jaune d'œuf
- 1/2 échalote
- 1/2 cuil. à café de moutarde
- 2 cuil. à soupe d'huile de noix
- 1 cuil. à soupe de vinaigre
- Fleur de sel et poivre mignonnette

Encore une idée chipée à Michel Bras, qui élève, par son talent, l'Aveyron au rang de patrie de la gastronomie. Ici, il s'agit d'une recette préparée en famille, un soir d'hiver, et dégustée sans autre accompagnement qu'une salade verte et un morceau de laguiole. Ai-je besoin de vous dire que c'est de la qualité de l'oignon que dépend la subtilité de votre recette ?

1 Préchauffez le four à 220 °C (th. 7-8). Coupez la base des oignons pour qu'ils soient stables et percez-les d'un coup de couteau. Etalez 4 poignées de gros sel dans un plat à gratin et posez les oignons dessus.

2 Enfournez et laissez cuire 15 minutes. Baissez le four à 150 °C (th. 5) et laissez cuire encore 1 heure pour qu'ils soient bien confits.

3 Pendant ce temps, préparez la vinaigrette : fouettez ensemble la moutarde, le vinaigre et l'échalote hachée. Ajoutez le jaune d'œuf, 1 cuillerée à soupe d'eau et l'huile sans cesser de fouetter.

4 Déposez les oignons dans des assiettes et disposez des petits tas de fleur de sel et de poivre mignonnette pour que chacun assaisonne à sa guise. Décalottez les oignons ou fendez-les dans la hauteur et arrosez de vinaigrette.

conseil

Laissez reposer les oignons 10 minutes après leur sortie du four pour éviter de vous brûler.

POUR 2 PERSONNES

PRÉPARATION : 10 MIN • CUISSON : 7 MIN

Salade vietnamienne de saint-jacques et épinards

- 300 g d'épinards en feuilles
- 150 à 200 g de noix de saint-jacques décoquillées

Pour la sauce

- 1 cuil. à soupe de sauce de poisson (sauce nuoc-mâm)
- 1 cuil. à soupe de jus de citron vert
- 1 cuil. à soupe de sucre en poudre
- 1 cuil. à soupe d'huile de sésame
- Quelques gouttes de Tabasco

Décoration

- Coriandre fraîche
- 3 cuil. à soupe de cacahuètes grillées et salées

J'ai eu la chance de visiter quelques pays d'Asie et ceux que je ne connais pas encore, je les découvre par leur cuisine. Ma préférence va à la cuisine vietnamienne (hormis la cuisine thaïe de ma copine Thiou, bien sûr), que je considère comme la plus modeste, la plus parfumée et enfin la plus légère. De mémoire de cuisinière – jeune, certes – je ne connais pas de recette asiatique qui soit aussi simple à préparer que celle que je vous confie. Je l'ai rebidouillée de façon à pouvoir la préparer avec des ingrédients hyper-courants.

1 Portez de l'eau à ébullition dans un cuit-vapeur. Lavez et essorez les épinards.

2 Déposez les épinards dans le panier du cuit-vapeur, faites-les « tomber » 2 minutes au-dessus de l'eau bouillante. Ajoutez les noix de saint-jacques. Couvrez et laissez cuire 5 minutes.

3 Pendant ce temps, préparez la sauce en mélangeant tous les ingrédients dans un bol : jus de citron vert, huile de sésame, nuoc-mâm, sucre et Tabasco.

4 Déposez délicatement les épinards et les noix de saint-jacques dans des assiettes et arrosez-les de sauce. Servez tiède, saupoudré des cacahuètes grillées concassées et de coriandre fraîche hachée.

conseil

Vous pouvez ajouter 1/2 gousse d'ail hachée dans la sauce.

POUR 4 À 6 PERSONNES

PRÉPARATION : 20 MIN • CUISSON : 12 À 13 MIN

Salade tiède de mangue et gambas

- 250 g de queues de gambas crues décortiquées (fraîches ou surgelées)
- 1 mangue pas trop mûre
- 100 g de vermicelles de soja

Pour la sauce

- 1 cuil. à soupe d'huile de pistache
- 1 cuil. à soupe d'huile de sésame
- 1 cuil. à soupe de vinaigre de miel ou balsamique
- 1 cuil. à soupe de sauce soja
- 1 pointe de couteau de piment séché
- Sel et poivre du moulin

Décoration

- 4 brins de coriandre fraîche
- 20 g de pistaches décortiquées non salées

Une recette d'inspiration orientale préparée, à l'origine, avec des produits surgelés. Provenant des pays tropicaux, les mangues se trouvent maintenant presque toute l'année sur les marchés, mais il n'est pas aisé de les choisir. Sachez déjà que la couleur n'est en rien signe de maturité. Mieux vaut se fier à la texture (votre doigt doit marquer une légère empreinte sans toutefois s'y enfoncer) et privilégier celles qui ont été acheminées par avion.

1 Si vous utlisez des gambas surgelées, faites-les décongeler au réfrigérateur en les arrosant d'un mélange de citron vert et d'huile d'olive pour les parfumer et les attendrir à la fois.

2 Plongez les vermicelles dans de l'eau chaude mais non bouillante et laissez-les gonfler pendant 10 minutes. Préparez la sauce en mélangeant, dans un bol, le vinaigre, la sauce soja, les huiles et le piment.

3 Egouttez les vermicelles dans une passoire et placez-les dans un plat de service. Versez la moitié de la sauce sur les vermicelles et remuez.

4 Retirez la peau et le noyau de la mangue. Découpez la chair en fines lamelles et disposez-les joliment sur les vermicelles.

5 Faites cuire les gambas 2 minutes 30 à la vapeur et répartissez-les sur les lamelles de mangue. Saupoudrez de pistaches et de coriandre ciselée. Servez aussitôt.

conseil

Vous pouvez remplacer l'huile de pistache par une huile de noix ou une huile neutre, mais surtout évitez l'usage de l'huile d'olive dans cette recette.

POUR 4 PERSONNES

PRÉPARATION : 20 MIN • CUISSON : 3 MIN

- 700 g de palette de porc hachée
- 2 cuil. à soupe de riz thaï cru
- 1 échalote
- 2 tiges de citronnelle fraîche
- 1/2 citron vert
- 1 cuil. à soupe de nuoc-mâm
- 1 cuil. à soupe de sucre en poudre
- 1 cuil. à café de pâte de crevette pimentée

Salade de porc haché

Thiou est un peu ma sœur thaïlandaise. Elle n'est pas née dans un milieu de cuisiniers (son père est producteur de cinéma en Thaïlande), et ne s'est jamais rêvée en chef (elle est venue en France pour devenir pianiste). Elle s'est retrouvée par hasard au-dessus d'un fourneau et, depuis, le virus ne l'a pas quittée, pour le bonheur des parisiens qui profitent désormais de sa cuisine très fusionnelle dans 3 restaurants à Paris. J'ai toujours rêvé de percer les secrets de sa sublime salade de porc haché qu'elle appelle « laab ». La voici, juste pour vous et moi !*

1 Lavez le citron, prélevez un peu de son zeste et pressez-en la moitié. Dans une poêle, faites dorer le riz cru, sans matière grasse, avec le zeste du citron pour le parfumer. Une fois qu'il est bien doré, réduisez-le au mortier.

2 Dans une grande sauteuse, faites revenir le porc haché 3 minutes en ajoutant, petit à petit, 10 cl d'eau bouillante pour qu'il ne colle pas. Une fois la viande bien saisie, versez-la dans un saladier.

3 Emincez finement l'échalote et la citronnelle. Ajoutez, dans le saladier, la pâte de crevette pimentée, le nuoc-mâm, l'échalote, le sucre, le jus de citron vert, une grosse poignée de citronnelle et le riz grillé. Servez tiède.

* Thiou, 49 quai Orsay (Paris VIIe) • Petit Thiou, 3 rue Surcouf (Paris VIIe) • Le Comptoir de Thiou, 12 avenue George V (Paris VIIIe)

POUR 4 PERSONNES PRÉPARATION : 25 MIN • CUISSON : 40 MIN

- 500 g de blancs de seiche (ou 4 seiches)
- 750 g de poireaux (4 poireaux)
- 2 gousses d'ail entières (« en chemise »)
- Sel et poivre du moulin

Seiche aux poireaux

Encore une recette volée à mon papa. La seiche est un mollusque assez peu utilisé dans la cuisine française, alors qu'il mériterait un peu plus de considération. Cela est sans doute dû à sa cuisson qui, si elle n'est pas maîtrisée, peut la rendre dramatiquement caoutchouteuse. Au même titre que le thon et le calmar, elle est délicieuse crue, à la japonaise, grillée aller-retour, comme le font les Espagnols, ou mijotée à la charentaise, façon papa. Cette recette ne comporte que trois produits : seiche, poireaux et ail, qui composent une alchimie parfaite. Ne me demandez pas pourquoi, je n'en sais rien. Essayez plutôt, vous en serez convaincu.

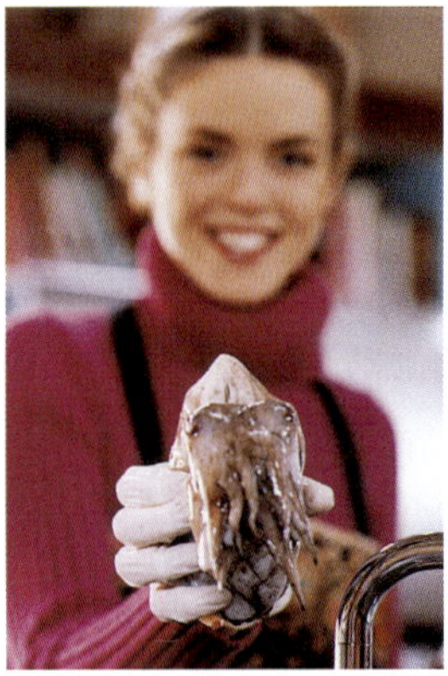

1 Pelez la peau des seiches, coupez-les en 2 et ôtez l'os. Coupez les blancs de seiche en lanières d'environ 1 cm de large.

2 Emincez la partie blanche des poireaux. Dans une cocotte, placez les seiches, les poireaux émincés et les gousses d'ail entières, couvrez et faites cuire pendant 40 minutes.

3 Vérifiez régulièrement que cela n'attache pas et que la seiche et les poireaux rendent bien leur eau. Sinon, ajoutez un peu d'eau.

4 Retirez le couvercle en fin de cuisson pour faire réduire la sauce. Salez et poivrez avant de servir.

conseil

La seiche ne supporte pas les cuissons intermédiaires, elle doit être cuite très rapidement ou très longtemps, sinon, elle devient élastique et coriace.

POUR 4 PERSONNES

PRÉPARATION : 10 MIN • CUISSON : 5 MIN + CUISSON DES PÂTES

Carbonara de courgettes

- 350 g de pappardelle ou tagliatelle
- 50 g de jambon blanc fumé en tranches (ou poulet fumé)
- 2 courgettes jeunes et fermes
- 1 crottin de chavignol demi-sec
- 15 cl de crème liquide allégée
- 1 gousse d'ail
- 1 cuil. à soupe d'huile d'olive
- Sel et poivre du moulin

Parmi les recettes les plus jubilatoires, les plus gourmandes qui soient, il en est une qui peut me faire perdre la raison. Disons que je peux en manger sans appétit, sans fin. Ne cherchez pas, vous aussi vous aimez les tagliatelle à la carbonara. Le problème, c'est qu'on ne peut pas en manger tous les jours car ce n'est pas vraiment diététiquement correct. Du coup, pour ne pas me priver de cet irrésistible plaisir, j'ai aménagé une recette à la Julie : crème légère, pas de lardons mais des légumes. Sans gras d'accord, mais pas sans saveur !

1 Ecrasez l'ail. Lavez et séchez les courgettes. Coupez-les en 4 dans la longueur et mettez 1/2 courgette de côté. A l'aide d'un Econome, taillez-les en tagliatelle, en prenant à chaque fois un morceau de peau. Coupez les tranches de jambon en lanières.

2 Faites cuire les pâtes dans une casserole d'eau bouillante salée. Ajoutez les tagliatelle de courgettes 1 minute avant la fin de la cuisson.

3 Pendant ce temps, râpez la demi-courgette restante et faites-la fondre à la poêle avec l'ail et l'huile pendant 5 minutes. Ajoutez la crème liquide et coupez le feu dès la première ébullition. Incorporez le jambon.

4 Egouttez les pâtes et les tagliatelle de courgettes et versez-les dans la poêle de sauce, remuez et servez. Saupoudrez de crottin de chèvre émietté.

POUR 4 PERSONNES

PRÉPARATION : 10 MIN • CUISSON : 10 MIN

- 4 steaks d'autruche de 180 g chacun environ (bien épais)
- 8 filets d'anchois à l'huile
- 500 g de pois gourmands
- 10 cl de vinaigre balsamique
- 1 cuil. à soupe de Worcestershire sauce
- 1 cuil. à café de sucre en poudre
- 2 cuil. à soupe d'huile d'arachide ou de tournesol
- Sel et poivre du moulin

Steaks d'autruche laqués au balsamique

Le vinaigre balsamique a débarqué en force dans nos cuisines il y a quelques années, pour être désormais au générique de la plupart de nos salades. Personnellement, je déplore cet excès qui en fait plus souvent un cache-misère qu'un révélateur de saveurs. Sachez d'ailleurs que ce vinaigre n'en est pas un : il n'est pas issu d'un alcool fermenté comme nos vinaigres hexagonaux mais d'un moût de raisin chauffé et vieilli au moins 12 ans en barrique de bois. Le résultat est un condiment fruité et sirupeux, très onéreux, qui appelle un usage parcimonieux. En attendant d'avoir les moyens de renouveler les stocks, cette recette peut vous permettre d'écrémer le balsamique de supermarché. En cuisant, son arôme et sa texture se concentrent, permettant un laquage sans ajout de sucre. A savoir : le bœuf et le gibier se prêtent aussi très bien à cette recette.

1 Faites chauffer l'huile dans une poêle à feu vif. Quand elle est chaude, poêlez les steaks 2 à 3 minutes sur chaque face puis retirez-les. Salez et poivrez-les puis réservez-les au chaud entre 2 assiettes. Videz la graisse de la poêle sans l'essuyer, pour conserver les sucs.

2 Baissez le feu, puis versez le vinaigre, la Worcestershire sauce, ajoutez les anchois hachés et le sucre. Remuez jusqu'à ce que la sauce soit un peu sirupeuse. Repassez les pavés dans cette sauce pour les laquer en les arrosant sans cesse du liquide à l'aide d'une cuillère.

3 Servez sans attendre, arrosé du reste de sauce, sur un lit de pois gourmands que vous aurez cuits 4 minutes à pleine puissance au micro-ondes (à couvert).

astuces

- *Ne salez pas la viande avant de la poêler pour permettre la caramélisation des sucs.*
- *Pour hacher les anchois en un clin d'œil, je les glisse dans le réceptacle du presse-ail et récupère leur chair grossièrement réduite en purée.*

POUR 4 PERSONNES

PRÉPARATION : 15 MIN · CUISSON : 30 MIN

- 4 cuisses de lapin
- 4 pommes de terre roseval (ou 12 petites rattes)
- 4 gousses d'ail entières (« en chemise »)
- 4 carottes nouvelles
- 1 cuil. à soupe de graines de moutarde
- 1 cuil. à soupe de moutarde forte
- 10 cl de vin blanc sec
- 1/2 cube de bouillon de volaille
- 1 branche d'estragon
- 2 cuil. à soupe d'huile d'olive
- Sel et poivre du moulin

conseil

Vous pouvez ajouter un filet d'huile de noix ou 1 cuillerée à soupe de miel dans la sauce et remplacer les carottes par des petits oignons nouveaux ou les légumes par des pâtes fraîches.

astuce

Pour que le lapin soit plus tendre, achetez-le la veille et faites-le mariner dans du lait. Couvrez de film alimentaire et entreposez au réfrigérateur. Au moment de réaliser la recette, égouttez les cuisses de lapin et épongez-les sur du papier absorbant.

Cuisses de lapin rôties à la graine de moutarde

Pour donner un peu de relief à mes cuisses de lapin sans les alourdir d'une sauce crémeuse, je les cuisine à la graine de moutarde. Pour le choix du lapin, soyez exigeant, contrairement à la version « confit au romarin » dans mon livre de « cuisine à l'avance » : la chair doit être ferme et sapide. Le rex du Poitou est, de loin, la bête la plus recommandable. J'arrête là pour m'éviter d'avoir à affronter un commando SPA...

1 Préchauffez le four à 180 °C (th. 6). Grattez et lavez les carottes. Lavez les pommes de terre puis coupez-les en 2 dans la longueur. Salez et poivrez légèrement les cuisses de lapin.

2 Dans une cocotte pouvant aller au four, faites chauffer l'huile d'olive à feu moyen et faites-y dorer les cuisses et les gousses d'ail entières pendant 5 minutes en les retournant souvent.

3 Versez les graines de moutarde dans la cocotte. Déglacez avec le vin blanc. Faites réduire quelques instants. Diluez le demi-cube de bouillon dans 25 cl d'eau bouillante et versez sur le lapin.

4 Ajoutez les carottes, les pommes de terre et la branche d'estragon dans la cocotte. Couvrez et enfournez. Laissez cuire 25 minutes en arrosant 2 ou 3 fois. Sortez la cocotte du four et disposez les cuisses de lapin et les légumes dans les assiettes.

5 Dans la cocotte chaude, mais hors du feu, ajoutez la moutarde au jus de cuisson. Fouettez pour obtenir une sauce onctueuse. Rectifiez l'assaisonnement et arrosez les cuisses de lapin de cette sauce.

Moutarde d
Téméraire
au vinaigre fin
BORNIER DIJON

POUR 4 PERSONNES PRÉPARATION : 10 MIN • CUISSON : 1 H

- 500 g de veau haché (pris dans la noix, qui est la partie la moins grasse)
- 3 poivrons (rouges et verts mélangés)
- 200 g d'oignons
- 1 grosse cuil. à café de concentré de tomate
- 1 gousse d'ail
- 2 cuil. à soupe rases de fond de veau déshydraté
- 10 cl de vin blanc doux
- 1/2 à 1 cuil. à café de piment d'Espelette (selon le goût)
- 2 cuil. à soupe d'huile d'olive
- Sel

Axoa de veau

L'axoa (prononcez « achoa ») est une spécialité basque conçue pour mettre en valeur leurs meilleurs produits : veau de lait, piquillos (remplacé en France – rires – par des poivrons) et piment d'Espelette. Si vous avez sous la main un bon vin blanc basque comme l'irouléguy, ne vous privez pas non plus d'en ajouter un peu. Le résultat est un hachis peu esthétique mais terriblement savoureux, que les plus amateurs d'entre vous sont sûrs de ne pas rater.

1 Lavez et épépinez les poivrons, puis découpez-les en lanières. Epluchez et émincez les oignons et l'ail. Dans une cocotte, faites fondre les oignons dans l'huile d'olive pendant 10 minutes. Ajoutez l'ail, les poivrons et le concentré de tomate et faites cuire encore 15 minutes à feu doux.

2 Ajoutez la viande et émiettez-la à l'aide d'une fourchette. Salez, pimentez, ajoutez le fond de veau et le vin, puis incorporez 1/2 verre d'eau.

3 Laissez cuire à feu doux pendant 20 à 30 minutes en remuant de temps en temps, la viande doit être légèrement caramélisée.

4 Servez chaud ou tiède, accompagné de cœur de laitue croquant.

conseils

- *Si vous souhaitez un plat moins salé, réduisez la quantité de fond de veau.*
- *Pour plus de saveur, ajoutez un peu de lard haché au début de la cuisson.*

POUR 4 PERSONNES

PRÉPARATION : 15 MIN • MARINADE : 5 H • REPOS : 2 À 5 H • CUISSON : 4 À 6 MIN

- 500 g de têtes et pattes de calmars (demandez à votre poissonnier de les détacher)
- 1/2 poivron rouge
- 1/2 poivron vert
- 1 citron + 3 cuil. à soupe de jus de citron
- 1 cuil. à café de thym effeuillé
- 1 grosse cuil. à soupe de sucre roux en poudre
- 3 cuil. à soupe d'huile d'olive
- 3 cuil. à soupe de vinaigre balsamique
- Sel et poivre du moulin

Brochettes de calmars marinés à l'aigre-doux

Je confesse un faible pour la chair à la fois ferme et tendre des chipirons (que l'on appelle aussi supions), ces petits calmars qu'il faut poêler à feu très vif pour qu'ils caramélisent. Mais leur fraîcheur doit être irréprochable. Pour ça, le mieux est encore de les cuisiner le jour de l'achat. Gros avantage : leur petite taille en fait le plat idéal pour les enfants. Et quand, en plus, vous les faites cuire en brochettes, c'est un carton assuré. Reste à trouver une réponse imparable quand ils vous posent la question fatidique : c'est quoi un chipiron ? Euh, alors, c'est un invertébré céphalopode...

1 Préparez la marinade en mélangeant le jus de citron, l'huile d'olive, le vinaigre balsamique, le thym et le sucre. Salez et poivrez modérément. Placez les calmars dans cette marinade, mélangez et laissez reposer pendant 5 heures.

2 Lavez les poivrons, retirez les graines et les cloisons. Coupez-les en lamelles de 2 cm de côté environ. Lavez et séchez le citron et coupez-le en 4, puis chaque quartier en 4 dés.

3 Enfilez les calmars sur des brochettes en les alternant avec des lamelles de poivron et des dés de citron. Laissez reposer au frais 2 à 5 heures.

4 Faites griller les brochettes 4 à 6 minutes au barbecue ou sous le gril du four jusqu'à ce qu'elles soient dorées, en les retournant pendant la cuisson.

conseil

Choisissez de petits calmars (supions ou chipirons) qui sont plus tendres que les gros.

POUR 2 PERSONNES

PRÉPARATION : 20 MIN • CUISSON : 10 MIN

Papillotes de sole au citron confit

- 6 filets de sole
- 30 g de citron confit au sel
- 100 g d'oignons
- 50 g de pousses d'épinard
- 2 gousses d'ail
- 1/2 bouquet de coriandre fraîche
- 1 cuil. à café rase de curcuma en poudre
- 3 cuil. à soupe de jus de citron
- 3 cuil. à soupe d'huile d'olive
- Sel et poivre du moulin

Voici un des plats qui, parmi ma vaste production, est devenu l'un de mes classiques. Pour ne pas vous décourager, il m'arrive souvent de vous dire que les condiments indiqués dans mes recettes peuvent être supprimés ou remplacés par d'autres. Ces papillotes me font déroger à mes principes car je crois que le petit goût noiseté du curcuma fait vraiment la différence. Allez, je vous accorde l'usage d'une – bonne – poudre de curry, mais la prochaine fois que vous passez devant une épicerie orientale, faites des emplettes de curcuma, c'est, comment dire... irremplaçable !

1 Préchauffez le four à 200 °C (th. 6-7). Lavez la coriandre puis passez-la au mixeur avec l'ail, le jus de citron, l'huile d'olive, le curcuma, du sel et du poivre. Hachez très finement les oignons, coupez le citron confit en tout petits dés.

2 Découpez 4 grandes feuilles de papier sulfurisé et étalez-en 2 sur le plan de travail.

3 Sur chaque feuille, répartissez successivement des oignons hachés, les filets de sole, la sauce à la coriandre, les dés de citron confit, puis couvrez d'épinards.

4 Couvrez avec une autre feuille de papier sulfurisé et pliez les bords pour que la papillote soit hermétique. Agrafez les bords et déposez les 2 papillotes sur la grille du four.

5 Laissez cuire 10 minutes environ, selon le degré de cuisson désiré.

conseil

La sole se trouve toute l'année, mais elle est plus abondante, donc moins chère, de janvier à avril. Sachez que c'est l'un des rares poissons qui ne doit pas se déguster au sortir de l'eau. Il faut la faire reposer 2 jours au réfrigérateur pour que la chair perde son élasticité.

POUR 4 PERSONNES

PRÉPARATION : 10 MIN • CUISSON : 10 À 15 MIN

- 4 filets de dorade rose avec sa peau
- 2 oranges sanguines
- 2 tomates
- 1 vingtaine de petites olives noires de Nice
- 4 brins de thym
- 4 feuilles de laurier
- 1 gros oignon rouge
- 4 cuil. à soupe d'huile d'olive
- Sel et poivre du moulin

Dorade aux agrumes (en papillote)

Les papillotes sont le mode de cuisson idéal pour préparer des dîners légers sans qu'ils en aient l'air. Cette cuisson à l'étouffée permet de concentrer les arômes mais aussi d'assaisonner chaque papillote différemment. De cette façon, ceux qui surveillent leur ligne peuvent faire des économies de matières grasses sans que tout le monde n'en soit tributaire. Dernier point fort et non des moindres : cela vous épargne les efforts de vaisselle.

1 Préchauffez le four à 210 °C (th. 7). Lavez les oranges et les tomates. Pelez et émincez très finement l'oignon et découpez les oranges en rondelles avec leur peau. Récupérez leur jus. Coupez les tomates en rondelles.

2 Déroulez 4 feuilles de papier sulfurisé. Huilez-les légèrement au centre et répartissez, en les faisant se chevaucher très légèrement, les fines tranches d'oignon, la moitié des rondelles de tomates et les feuilles de laurier. Salez, poivrez et déposez les filets de poisson côté peau vers le dessus.

3 Déposez par-dessus les rondelles d'oranges et le reste des rondelles de tomates en les alternant. Ajoutez quelques petites olives dénoyautées et saupoudrez de thym. Salez et poivrez de nouveau puis arrosez avec le jus des oranges récupéré.

4 Recouvrez chaque feuille de papier sulfurisé d'une autre de même taille et pliez les bords pour former une enveloppe rectangulaire. L'air ne doit absolument pas passer.

5 Déposez les papillotes sur la plaque du four. Placez le tout à four chaud pendant 10 à 15 minutes selon la cuisson désirée.

conseil

Evitez l'usage du papier aluminium, qui risque de s'oxyder au contact des agrumes.

POUR 6 PERSONNES

PRÉPARATION : 30 MIN • CUISSON : 1 H 30 À 2 H

Gratin de légumes au cottage cheese

- 500 g de jeunes courgettes
- 3 jeunes carottes
- 2 gros oignons blancs
- 10 cl de crème légère
- 200 g de cottage cheese
- 2 œufs
- Noix de muscade râpée
- Sel et poivre du moulin

Facultatif

- 2 branches de menthe

Pour que mes gratins de légumes soient savoureux sans être des pièges à graisse, je remplace souvent la crème par du cottage cheese, ce délicieux fromage de vache frais grossièrement haché et enrichi de crème légère. Ingrédient indispensable de la cuisine anglaise (si, si, elle existe !), il se trouve désormais très facilement en grande surface. Aux amateurs de gratins, je conseille vivement l'achat d'une mandoline (ou râpe japonaise), très utile pour tailler les légumes au même calibre et à la vitesse de l'éclair. Respectez l'ordre de la superposition car il n'est pas dû au hasard. Les légumes les plus coriaces sont disposés au fond du plat et les plus aqueux sur le dessus pour assurer une cuisson homogène. Doré, léger et raffiné, un classique très vite adopté.

1 Préchauffez le four à 180 °C (th. 6). Emincez les oignons très finement et tapissez-en le fond d'un plat à gratin huilé en tassant bien. Lavez et séchez les courgettes, découpez-les en fines rondelles. Grattez et lavez les carottes, puis découpez-les en rondelles de 2 mm d'épaisseur.

2 Disposez les rondelles de courgettes sur le lit d'oignons. Recouvrez de carottes. Tassez légèrement.

3 Dans un saladier, fouettez les œufs, ajoutez la crème, le cottage cheese, salez, poivrez et muscadez. Mélangez.

4 Couvrez les légumes de ce mélange et tassez de nouveau à l'aide d'une fourchette si nécessaire. Enfournez et laissez cuire 1 heure 30 à 2 heures (plus longue est la cuisson, meilleur sera le gratin). Saupoudrez éventuellement de menthe ciselée et servez.

conseil

Vous pouvez également mélanger d'autres légumes : champignons, carottes, fenouil émincés...

POUR 4 PERSONNES

PRÉPARATION : 15 MIN • CUISSON : 1 À 2 H

- 400 g de spaghetti complets (de préférence)
- 1 carotte
- 1/2 fenouil
- 1/2 courgette
- 2 tomates
- 1/2 patate douce ou pomme de terre
- 1/2 branche de céleri
- 1/2 oignon
- 1/2 poivron vert ou rouge
- 1 poignée de pois mange-tout
- 1 verre de vin rouge
- 1 cuil. à soupe de concentré de tomate
- 3 cuil. à soupe d'huile d'olive
- Sel et poivre du moulin

Bolognaise de légumes

Des spaghetti bolognaises végétariens ?! Là aussi, je relève le défi, grâce à la recette de Valérie, une copine peu amatrice de viande, qui m'enseigna son truc : mixer dans un grand robot tous les légumes frais que l'on a sous la main et les faire mijoter longuement en cocotte avec du vin rouge, jusqu'à ce qu'ils soient délicatement confits. Méfiez-vous, vous pourriez bien ne jamais revenir à la version originale !

1 Lavez les légumes à l'eau fraîche et épluchez-les tous, sauf la courgette. Coupez grossièrement l'ensemble des légumes (y compris la courgette), placez-les dans un hachoir électrique et hachez-les en procédant par à-coups.

2 Faites chauffer l'huile dans une sauteuse ou un wok, ajoutez les légumes hachés et faites revenir 5 minutes. Versez le vin, ajoutez le concentré de tomate, salez, poivrez et laissez mijoter 1 heure au moins (jusqu'à 2 heures).

3 Au dernier moment, faites cuire les pâtes « al dente », égouttez-les et versez-les dans la sauteuse. Mélangez et servez avec du parmesan à part.

conseils

- *Utilisez de préférence des légumes de saison.*
- *Pensez à remplacer vos pâtes traditionnelles par des pâtes à la farine complète ou mélangez-les à des pâtes blanches en veillant à harmoniser les temps de cuisson.*

Sucré

POUR 4 PERSONNES

PRÉPARATION : 15 MIN • REPOS : 2 H AU FRAIS

Soupe de mangue et melon au citron vert

- 1 belle mangue (ou 300 g de mangue surgelée)
- 1 beau melon (ou 600 g de billes de melon surgelées)
- 10 belles feuilles de basilic
- Le jus d'1 citron vert
- 20 cl de vin blanc sec fruité
- Sel et poivre du moulin

Douce et acidulée à la fois, la mangue confine au sublime lorsqu'elle est de belle origine, non fibreuse et mûre à point. Mais – comme pour le melon – les apparences peuvent être trompeuses et la couleur ne révèle que la variété. Quelques trucs quand même : elles sont souvent bicolores ; dans ce cas, tâtez plutôt le côté foncé, celui exposé au soleil, et choisissez celles qui présentent une surface souple sans être molle. Quoi qu'il en soit, une mangue est rarement totalement mûre au moment de l'achat, mieux vaut donc prévoir de la laisser mûrir quelques jours à température ambiante avant de la déguster. Mais par pitié, ne lui faites pas subir le supplice du réfrigérateur, qui bloquerait tous ses parfums.

astuce

Si vous voulez que votre soupe ait une belle couleur orangée, ne passez pas le basilic au mixeur et ajoutez-le émincé très finement au moment de servir.

1 Coupez le melon en 2 puis videz-le de ses graines à l'aide d'une cuillère. Prélevez l'équivalent de 400 g de chair.

2 Epluchez la mangue grâce à un couteau à lame bien affûtée (le couteau Econome écraserait la chair de la mangue). Récupérez le maximum de chair en tournant autour du noyau.

3 Passez ensemble au mixeur la mangue, le melon, le jus de citron, le basilic et le vin. Salez et poivrez généreusement. Ajoutez 10 cl d'eau pour délayer légèrement le mélange s'il est trop épais. Placez au frais pendant 2 heures.

4 Servez dans des assiettes creuses, en ajoutant au dernier moment quelques billes prélevées dans la chair de melon restante.

conseil

Le choix d'un melon comporte toujours une part d'incertitude. Fiez-vous au poids : les plus lourds sont les meilleurs. Et au parfum : il ne doit sentir ni la courge (pas assez mûr), ni l'alcool (trop mûr) et le pédoncule doit se détacher légèrement de l'écorce.

POUR 2 PERSONNES PRÉPARATION : 10 MIN • CUISSON : 2 H

- 1 petit ananas victoria (750 g environ)
- 100 g de farine
- 1,5 kg de gros sel de mer
- 2 blancs d'œufs

Ananas en croûte de sel

La croûte de sel est une technique de cuisson ancestrale aussi efficace qu'économique. Le principe est celui de la cuisson à l'étouffée – le produit cuit dans sa propre vapeur – et peut être appliqué à toutes sortes d'ingrédients (poulet, poisson, canard, gigot...). Le principal avantage vient du fait que le produit est cuit entier, avec sa peau ou son écorce. Celle-ci va créer une sorte de bouclier qui va empêcher le sel de pénétrer les chairs tout en emprisonnant les sucs à l'intérieur. La belle écorce dorée de l'ananas a inspiré Alain Passard, qui a eu l'idée de le couvrir de sel, comme un beau poulet. Et moi dans tout ça ? Eh bien, disons que j'ai eu celle de vous la refiler, version « grand chef familial ».

1 Préchauffez le four à 150 °C (th. 5). Dans un saladier, mélangez la farine et le gros sel avec 10 cl d'eau. Ajoutez les blancs d'œufs.

2 Déposez l'ananas dans un plat rond et creux passant au four. Façonnez le mélange autour de l'ananas de façon à l'enrober complètement en ne laissant dépasser que le plumet. Enfournez et laissez cuire 2 heures.

3 Cassez la croûte à l'aide d'un petit marteau et découpez l'ananas en rondelles fines et en ôtant 1 morceau d'écorce sur 2.

4 Servez tiède avec de la chantilly ou du fromage blanc battu et saupoudré de quelques grains de sel à l'ananas concassés. Conservez le sel pour un autre ananas rôti.

conseil

L'ananas est un fruit qui a l'habitude des climats tropicaux, il ne se conserve pas à une température inférieure à 7 °C. Conservez-le dans un endroit frais, mais pas au frigo.

POUR 6 PERSONNES PRÉPARATION : 25 MIN • CUISSON : 1 MIN 30

- 300 g de chocolat noir à 70 %
- 6 blancs d'œufs
- 4 fruits de la Passion
- 1 pincée de sel

Mousse légère chocolat-passion

Les grandes recettes, celles qui traversent les époques sans égratignures, sont comme les bons mots. Chacun se les approprie sans se soucier de celui qui les a un jour imaginés. Sans doute est-ce bien comme cela : à table, il faut que les plats circulent. J'apprécie toutefois de savoir quel créateur a, un jour, eu l'idée saugrenue d'associer deux produits que l'on croyait jusque-là antinomiques. Pour ce qui est du chocolat et du fruit de la Passion, après petite enquête, il semblerait que Pierre Hermé soit le César à qui il conviendrait de rendre honneur. Il avait choisi le chocolat au lait. Par souci de diététique autant que par goût, j'ai opté pour le noir. Sans rancune, Pierre ?

1 Versez la pulpe des fruits de la Passion dans un chinois ou une passoire et pressez légèrement afin d'en recueillir le jus dans un verre.

2 Dans un bol, faites fondre le chocolat en le passant 3 x 30 secondes à 700 watts au micro-ondes, sans ajouter d'eau, et en remuant à chaque fois pour que la texture soit homogène. Gardez 2 bonnes cuillerées à soupe de chocolat fondu à part et versez le reste dans un saladier.

3 Montez les blancs d'œufs en neige avec le sel puis incorporez-les au chocolat. Ajoutez le jus des fruits en soulevant délicatement la préparation, puis le chocolat réservé et légèrement refroidi, qui devrait former de petits grumeaux. Versez la préparation obtenue dans de petits ramequins.

astuce

Les blancs en neige ne doivent pas être montés avec des œufs trop frais. Les œufs de quelques jours conviennent mieux car les blancs absorbent plus d'air et montent donc plus facilement. L'astuce consiste à les séparer des jaunes la veille et à les placer au réfrigérateur dans un récipient couvert avant de les utiliser.

POUR 2 PERSONNES

PRÉPARATION : 15 MIN · CUISSON : 1 MIN · REPOS : 2 H MINIMUM

- 100 g de biscuits de régime (type sablés)
- 40 g de beurre
- 200 g de fromage blanc en faisselle à 0 %
- 50 g de fromage frais à tartiner (type Saint-Moret ou saint-florentin)
- 1 citron
- 1/2 cuil. à café de vanille en poudre ou 1 gousse de vanille grattée
- 1 grosse cuil. à soupe d'édulcorant
- 1 pincée de sel

Cheese cake plume

Plutôt que de cuisiner des recettes régime tristounettes, je mets toujours un point d'honneur à alléger les plats prohibés. Je veux dire qu'au lieu de proposer un filet de truite en habit vert, j'essaye de trouver un moyen de cuisiner une truite aux amandes (plus alléchante, non ?) sans qu'elle soit ultra-calorique. En se creusant bien le saladier, on trouve toujours des petits trucs pour gagner en légèreté çà et là. C'est ainsi que j'ai décidé un jour de m'attaquer au cheese cake, l'un de mes gâteaux favoris, jusque-là réservé aux personnes ayant un besoin impératif de prendre du poids, autant dire une clientèle assez réduite... Eh bien pour tous les autres (moi y compris), je propose désormais le cheese cake version « plume ».

1 Placez le beurre dans un récipient adapté au micro-ondes et faites-le fondre en le passant environ 1 minute au micro-ondes. Passez les biscuits au mixeur jusqu'à ce qu'ils soient réduits en poudre. Mélangez-les avec le beurre et le sel.

2 Dans chacune des assiettes, posez un cercle à pâtisserie. Garnissez le fond avec la pâte obtenue, tassez avec le bout des doigts.

3 Disposez un filtre à café dans une passoire ou un chinois et laissez-y le fromage blanc s'égoutter pendant 10 minutes au moins. Lavez le citron, prélevez 1/4 de son zeste et hachez-le à l'aide d'un couteau.

4 Dans un saladier, fouettez les fromages avec la vanille et l'édulcorant puis ajoutez la moitié du zeste haché.

5 Couvrez le fond de pâte de cette préparation et placez au réfrigérateur. Laissez prendre 2 heures au moins. Retirez les cercles à pâtisserie.

6 Servez très frais, entouré de fruits frais et saupoudré du reste du zeste de citron.

astuce

Si vous n'avez pas de cercle à pâtisserie, vous pouvez utiliser, en guise de moule, le fond d'un pot de crème glacée de 50 cl découpé.

POUR 4 PERSONNES

PRÉPARATION : 10 MIN • CUISSON : 2 MIN/CRÊPE ENVIRON

- 250 g de farine
- 4 œufs
- 50 cl d'eau minérale
- 1 cuil. à soupe de fleur d'oranger
- 1 cuil. à soupe de sucre en poudre
- 1 pincée de sel

Crêpes allégées

Alléger les crêpes ! Mais qu'est-ce qui m'est passé par la tête ce jour-là ? Bon, puisque je me suis juré de rendre « diététiquement corrects » tous les plats proscrits, attardons-nous sur ce cas d'école. Tout d'abord, le lait : incontournable ? Qu'à cela ne tienne, il sera remplacé par de l'eau, minérale s'il vous plaît, car le tartre ne fait pas partie de la recette. Ensuite, le traditionnel beurre fondu de nos grands-mères... que l'on préférera ajouter en lamelles fines et bien froides sur les crêpes encore chaudes, pour le contraste. Enfin viennent les œufs et la farine et là, je sèche. Ceux-là on les garde, au risque de voir nos crêpes s'alléger jusqu'à devenir invisibles !

1 Dans le bol d'un mixeur, versez la farine, ajoutez les œufs, l'eau, le sel, le sucre et l'eau de fleur d'oranger. Mixez le tout.

2 Versez une louche de pâte dans une poêle antiadhésive bien chaude sans ajouter de matière grasse, répartissez-la en faisant tourner la poêle jusqu'à ce qu'elle recouvre uniformément le fond.

3 Faites cuire à feu vif. Dès que les bords se décollent, retournez la crêpe. Procédez de la même façon pour le reste de la pâte.

4 Saupoudrez les crêpes encore chaudes d'un voile de cacao amer, de vergeoise ou d'1 cuillerée à café de miel. Et pourquoi pas d'un petit morceau de beurre...

conseil

Pour des crêpes encore plus légères et savoureuses, remplacez la moitié de l'eau par de la bière.

POUR 4 PERSONNES

PRÉPARATION : 15 MIN • REPOS : 3 H AU FRAIS

- 2 petits melons mûrs à point
- 50 g de pistaches non salées
- 20 cl de pineau blanc des Charentes ou autre vin blanc doux
- 2 cuil. à soupe de miel
- Poivre du moulin

Facultatif

- Quelques gouttes d'essence de pistaches

Granité de melon

En mai, s'ouvre la saison de la chasse... au melon ! Eh oui, pas plus de quatre petits mois pour profiter de ce fruit aussi léger que parfumé. Car sachez que malgré son goût sucré, on le compte parmi les fruits les moins caloriques des marchés. Alors si vous cherchez un dessert très léger, très frais, très simple à préparer, misez tout sur le granité. Etant une dingue de melon, je confesse céder parfois à la facilité hors saison et mixer en granité... des billes surgelées ! Mais rien ne vous interdit d'utiliser d'autres fruits en fonction de la saison : mangue, agrumes, pêche...

1 Coupez les melons en 2. Videz leur pulpe à l'aide d'une cuillère en prenant bien soin de conserver les écorces intactes.

2 Dans une petite poêle antiadhésive, faites torréfier les pistaches jusqu'à ce qu'elles soient dorées et dégagent leur arôme. Réservez-les.

3 Mixez la pulpe des melons avec les 3/4 des pistaches, le miel et le pineau. Poivrez légèrement. Placez la préparation obtenue ainsi que les écorces de melon au congélateur pendant 3 heures. Remuez régulièrement la préparation avec une fourchette pour obtenir des paillettes.

4 Répartissez le granité obtenu dans les écorces de melon givrées. Décorez avec le reste des pistaches hachées au couteau.

5 Ajoutez éventuellement un peu d'essence de pistaches dans votre granité et arrosez-le d'un trait de pineau avant de servir.

astuce

Si vous n'avez pas trouvé 2 petits melons mais un seul gros, servez votre granité dans des coupes ou des verres que vous aurez placés au congélateur pour qu'ils soient givrés.

Index des ingrédients

Index par types de plats

Grands classiques allégés

Exotiques

Viandes et poissons crus

Soupes

Grosses salades

Papillottes

Végétariens

Les recettes présentées dans ce livre sont extraites
du programme « Julie cuisine », produit par J.A. Productions.

Retrouvez toute l'actualité de Julie Andrieu sur le site
www.julieandrieu.com

PRODUCTION ÉDITORIALE ET RÉDACTION :
Estelle Cerutti
Catherine Bonifassi

RÉALISATION :
CASSI EDITION
Sabrina Regoui, Julie Bordes

CRÉDITS PHOTOGRAPHIQUES :
Photos de l'émission « Julie cuisine » : Paul Abel
Photo de couverture : Denis Rouvre
Photos recettes : Nicolas Louis
Shopping : S. Mangin, Galerie Kanaga
Merci à 107 Rivoli, Astier de Villatte, Constance d'Hauteville, Eva Baz'art, Guy Degrenne, Guzzinni, Jars, Iskandar, Jeanine Cros, Kim et Garo, Les Touristes, LZC, Nanaki, Nussha Japanwear, Philippe Deshoulières, Revol, Rösle, Sabre, Staub, Totally bamboo, Zero one one.

Photogravure : L.C.
Achevé d'imprimer en France par l'imprimerie Pollina
N° d'impression : L46009
N° d'édition : 25833
Dépôt légal : mars 2008
ISBN : 978-2-226-16968-6

Julie cuisine

pour garder la ligne